AF318259

GRAMMAIRE

ÉLÉMENTAIRE

à l'usage

DES ÉCOLES DES SŒURS DE LA PROVIDENCE DE PORTIEUX.

Propriété.

STRASBOURG,

TYPOGRAPHIE DE E.-P. LE ROUX.

1870.

GRAMMAIRE ÉLÉMENTAIRE.

CHAPITRE I.

1. Qu'est-ce que la *Grammaire?*

La Grammaire nous apprend à parler et à écrire sans faute.

2. De quoi se sert-on pour *parler* et pour *écrire?*

On se sert de mots formés de lettres.

3. Combien y a-t-il de *sortes de lettres?*

Il y a deux sortes de lettres : les *voyelles* et les *consonnes*.

4. Quelles sont les *voyelles?*

Les voyelles sont : a, e, i, o, u et y. On les appelle voyelles, parce qu'elles seules peuvent former un son.

5. Pourquoi appelle-t-on les autres lettres *consonnes?*

Parce qu'elles ne peuvent former un son sans le secours des voyelles.

6. Combien y a-t-il de sortes d'*e?*

Il y a trois sortes d'e : l'*e muet*, l'*e fermé*, l'*e ouvert*.

7. Qu'est-ce que l'*e muet?*

L'e muet a le son peu sensible, comme dans *me, de, livre*, je *prie*, je *prierai*.

8. Qu'est-ce que l'*e fermé?*

L'e fermé se prononce la bouche presque fermée : *aménité, rocher, nez*.

9. Qu'est-ce que l'*e ouvert?*

L'e ouvert se prononce la bouche très-ouverte : *succès, modèle*, il *appelle*.

10. Combien y a-t-il de sortes d'*h?*

Il y en a de deux sortes : l'*h muette* et l'*h aspirée*.

11. Dans quels mots l'*h* est-elle *muette?*

Dans tous les mots où elle n'ajoute rien à la prononciation, comme : *homme, histoire, honneurs*.

12. Dans quels mots est-elle *aspirée?*

Dans tous les mots où elle fait prononcer avec aspiration la voyelle qui suit : ex. *hache*.

13. Combien y a-t-il de parties du discours?

Il y en a dix qui sont : le *substantif*, l'*article*, l'*adjectif*, le *pronom*, le *verbe*, le *participe*, l'*adverbe*, la *préposition*, la *conjonction* et l'*interjection*.

CHAPITRE II.

DU SUBSTANTIF.

14. Qu'est-ce que le *substantif?*

Le *substantif* représente un être ou un objet, comme *Pierre*, *Paul*, *livre*, *table*.

15. Combien y a-t-il de sortes de substantifs?

Il y en a de deux sortes : le substantif *commun* et le substantif *propre*.

16. Qu'est-ce que le substantif *commun?*

C'est celui qui convient à toutes les personnes ou à toutes les choses semblables, comme *homme*, *maison*, *livre*.

17. Qu'est-ce que le substantif *propre?*

C'est celui qui ne convient pas à toutes les personnes ni à toutes les choses semblables : *Alexandre*, *Paris*, la *Seine*.

18. Qu'est-ce que le *genre?*

C'est la propriété qu'ont les substantifs de représenter la distinction des sexes. Il y a deux genres : le *masculin* et le *féminin*.

19. Comment connaît-on qu'un mot est du masculin ou du féminin ?

Un substantif est *masculin* quand on peut le faire précéder de *le* ou *un* : UN *homme*, LE *couteau;* et il est *féminin* quand on peut le faire précéder de *la* ou *une* : UNE *maison*, LA *table*.

20. Qu'est-ce que le *nombre?*

C'est la propriété qu'ont les substantifs de représenter l'unité ou la pluralité. Il y a deux nombres : le *singulier* et le *pluriel.*

21. Que désigne le *singulier?*

Le *singuli r* désigne un seul être ou un seul objet, comme *un enfant, une plume.*

22. Que désigne le *pluriel?*

Le *pluriel* désigne plusieurs êtres ou plusieurs objets, comme *des enfants, des plumes.*

23. Comment forme-t-on le pluriel dans les substantifs?

On forme le pluriel dans les substantifs en ajoutant une *s* au singulier : une *maison, des maisons;* un *livre,* des *livres.*

Exceptions.

1° Les substantifs déjà terminés au singulier par *s*, *x*, *z*, ne changent pas au pluriel : un *héros*, des *héros;* une *voix*, des *voix;* le *gaz,* les *gaz.*

2° Les substantifs terminés au singulier par *au* et par *eu* prennent un *x* au pluriel : un *tuyau*, des *tuyaux;* un *cheveu,* des *cheveux.*

3° Les substantifs terminés par *ou* prennent une *s* au pluriel, excepté : *bijou, caillou, chou, genou, hibou, joujou* et *pou* qui prennent *x :* un *bijou,* des *bijoux.*

4° Les substantifs terminés au singulier par *al*, changent au pluriel *al* en *aux :* un *cheval,* des *chevaux*; un *hôpital*, des *hôpitaux*. Excepté : *aval*, *bal*, *carnaval*, *chacal*, *régal*, qui prennent simplement une *s* : *carnavals*, *bals*, etc.

24. REMARQUE. Les substantifs en *ail* prennent une *s* au pluriel : un *portail*, des *portails*. Excepté : *bail*, *corail*, *émail*, *soupirail*, *travail*, *vantail* qui font *baux*, *coraux*, *émaux*, *soupiraux*, *travaux*, *vantaux*; et encore dit-on des *travails*, quand on parle de machines où l'on ferre les chevaux vicieux, et des comptes rendus par un chef d'administration à son supérieur.

25. Qu'appelle-t-on substantif *collectif*?

Le substantif collectif est celui qui, quoique au singulier, présente à l'esprit l'idée de plusieurs personnes ou de plusieurs choses; tels sont : *troupe*, *peuple*, *quantité*.

26. Combien y a-t-il de sortes de *collectifs*?

Il y en a deux sortes : le collectif *général* et le collectif *partitif*.

Le collectif *général* embrasse la collection entière : la *multitude* des hommes, le *nombre* des étoiles. Le collectif *partitif* n'embrasse qu'une partie de la collection : une *multitude* de livres, un grand *nombre* d'enfants.

27. Qu'est-ce que le *substantif composé*?

Le substantif composé est celui qui est formé de plusieurs mots équivalant à un seul, comme *avant-coureur*, *chef-d'œuvre*.

28. Quelle est la première règle des *substantifs composés?*

Quand le substantif composé est formé de deux substantifs ou d'un substantif et d'un adjectif, ils prennent l'un et l'autre la marque du pluriel : un *chef-lieu*, des *chefs-lieux;* un *plain-chant*, des *plains-chants*.

29. Dites la deuxième règle.

Quand un substantif composé est formé de deux substantifs unis par une préposition, le premier seul prend la marque du pluriel : un *ciel-de-lit*, des *ciels-de-lit*.

30. Quelle est la troisième règle?

Lorsque le substantif composé est formé d'un substantif joint à un verbe, à une préposition ou à un adverbe, le substantif seul prend la marque du pluriel quand il y a pluralité dans l'idée : un *contre-coup*, des *contre-coups;* un *avant-coureur*, des *avant-coureurs*.

Mais on mettrait le singulier dans les substantifs composés : des *serre-tête*, des *réveille-matin*, parce qu'il y a unité dans l'idée.

31. Quelle est la quatrième règle?

Quand un substantif composé est formé de mots invariables de leur nature, comme verbe, préposition, adverbe, aucun de ces mots ne prend la marque du pluriel : des *pour-boire*, des *passe-partout*.

CHAPITRE III.

DE L'ARTICLE.

32. Qu'est-ce que l'*article?*

C'est un mot qu'on met devant les substantifs pour en faire connaître le genre et le nombre.

33. Combien y a-t-il d'*articles?*

Il n'y a qu'un article qui est *le* pour le masculin singulier; il fait *la* au féminin singulier et *les* au pluriel des deux genres.

34. A quels changements l'*article* est-il sujet?

L'article est sujet à deux changements : l'*élision* et la *contraction*.

35. En quoi consiste l'*élision?*

L'*élision* consiste dans le retranchement des lettres *a*, *e*, qu'on remplace par une apostrophe (') devant une voyelle ou une *h* muette. C'est par élision qu'on dit *l'*homme, *l'*honneur, *l'*histoire.

36. En quoi consiste la *contraction?*

La *contraction* consiste dans la réunion de l'article *le*, *les*, avec une des prépositions *à*, *de*. C'est par contraction qu'on dit : AU *pain*, pour A LE *pain;* DES *fruits*, pour DE LES *fruits*.

CHAPITRE IV.

DE L'ADJECTIF.

37. Qu'est-ce que l'*adjectif?*

L'*adjectif* exprime les qualités, les différentes manières d'être du substantif, comme *beau, joli.*

38. Combien y a-t-il de sortes d'adjectifs?

Il y a deux sortes d'adjectifs : les adjectifs *qualificatifs* et les adjectifs *déterminatifs.*

39. Qu'est-ce que l'adjectif *qualificatif?*

L'adjectif *qualificatif* s'ajoute au substantif pour le qualifier, comme *bon, sage.*

40. Comment s'accorde l'*adjectif?*

L'adjectif s'accorde en genre et en nombre avec le substantif ou le pronom auquel il se rapporte. Ex. *un homme estimé, une femme estimée; des hommes estimés, des femmes estimées.*

41. S'il y a deux ou plusieurs substantifs ou pronoms, l'adjectif se met au pluriel et prend le genre masculin, si les substantifs ou les pronoms sont de différents genres. Ex. *une application et un travail continuels font surmonter bien des obstacles. Celui-ci et celle-là sont différents.*

42. Comment forme-t-on le *féminin* dans les adjectifs?

Tout adjectif masculin prend un *e* muet au féminin : *sensé, sensée* ; *grand, grande*.

Exceptions.

43. 1º Tout adjectif terminé au masculin par un *e* muet, comme *aimable, honnête*, ne change pas au féminin.

2º Les adjectifs en *el, eil, ien, on, et*, doublent au féminin leur dernière consonne, et prennent un *e* muet. Ex. *tel, telle* ; *pareil, pareille* ; *ancien, ancienne* ; *bon, bonne* ; *muet, muette*.

3º Les adjectifs en *eur* ont plusieurs formes pour le féminin ; ceux qui sont formés d'un participe présent par le changement de *ant* en *eur*, font *euse* au féminin : *donneur, donneuse* ; *trompeur, trompeuse*.

Ceux en *teur* font ordinairement leur féminin en *trice : accusateur, accusatrice*.

Ceux en *érieur* prennent un *e* muet au féminin : *extérieur, extérieure* ; *supérieur, supérieure* ; auxquels il faut ajouter *majeur, mineur, meilleur*, qui font *majeure, mineure, meilleure*.

4º Les adjectifs en *f* changent *f* en *ve*. Ex. *naïf, naïve* ; *neuf, neuve*.

5º Les adjectifs en *x* changent *x* en *se*. Ex. *heureux, heureuse*.

44. Comment forme-t-on le pluriel dans les adjectifs ?

Les adjectifs forment leur pluriel par l'addition d'une s : *bon, bons; bonne, bonnes.*

Exceptions.

45. 1° Les adjectifs terminés au singulier par *s*, *x*, ne changent pas au pluriel. Ex. *gris, épais, heureux.*

2° Les adjectifs en *eau* font leur pluriel par l'addition d'un *x*. Ex. *beau, beaux; nouveau, nouveaux.*

3° Les adjectifs en *al* font leur pluriel, les uns en *aux*. Ex. *égal, égaux; décimal, décimaux;* les autres par l'addition d'une *s* : *final, finals; nasal, nasals.*

46. Qu'est-ce que l'adjectif *composé?*

L'adjectif *composé* est celui qui est formé de plusieurs mots équivalant à un seul, comme *ivre-mort.*

47. Quelle est la première règle?

Quand un adjectif *composé* est formé de deux adjectifs, ils varient l'un et l'autre en genre et en nombre. Ex. *des hommes ivres-morts; des femmes sourdes-muettes.*

48. Quelle est la deuxième règle?

Quand un adjectif *composé* est formé de deux adjectifs, dont le premier est employé adverbialement, le deuxième adjectif seul s'accorde. Ex. *une fille nouveau-née; des plantes clair-semées; des personnes court-vêtues;* on excepte *fraîche-cueillie* et *toute-puissante.*

49. Quelle est la troisième règle?

Quand un adjectif *composé* est formé d'un mot invariable et d'un adjectif, ce dernier seul varie. Ex. *des enfants bien-aimés; les avant-derniers événements.*

50. Quelle est la quatrième règle?

Dans les adjectifs composés *brèche-dents* et *chèvre-pieds*, on écrit au pluriel comme au singulier: des *brèche-dents*, des *chèvre-pieds*.

51. Qu'est-ce que les adjectifs *déterminatifs?*

Les adjectifs *déterminatifs* se joignent au substantif pour en déterminer la signification, à l'aide d'une idée qu'ils y ajoutent.

52. Combien y a-t-il de sortes d'adjectifs déterminatifs?

Il y en a quatre sortes: les adjectifs *numéraux*, les adjectifs *démonstratifs*, les adjectifs *possessifs* et les adjectifs *indéfinis*.

53. Qu'est-ce que les adjectifs *numéraux?*

Les adjectifs *numéraux* déterminent la signification du substantif en y ajoutant une idée de nombre ou d'ordre.

54. Combien y en a-t-il de sortes?

Il y en a de deux sortes: les adjectifs *numéraux cardinaux*, et les adjectifs *numéraux ordinaux*.

55. Les adjectifs numéraux *cardinaux* servent à compter, comme: *un, deux, trois, vingt, cent, mille, etc.*

56. Les adjectifs numéraux *ordinaux* marquent l'ordre, le rang, comme: *premier, second, troisième*.

57. Qu'est-ce que les adjectifs *démonstratifs?*

Ce sont ceux qui déterminent la signification du substantif en y ajoutant une idée de démonstration ou d'indication. Ces adjectifs sont: *ce, cet, cette, ces*.

58. REMARQUE. On met *ce* devant une consonne ou une *h* aspirée, et *cet* devant une voyelle ou une *h* muette : Ex. *ce pays, ce hameau; cet enfant, cet homme*.

59. Qu'est-ce que les adjectifs *possessifs?*

Les adjectifs *possessifs* déterminent la signification du substantif en y ajoutant une idée de possession. Ce sont : *mon, ton, son, notre, votre, leur*, pour le masculin singulier ; *ma, ta, sa, notre, votre, leur*, pour le féminin singulier; *mes, tes, ses, nos, vos, leurs*, pour le pluriel des deux genres.

60. Qu'est-ce que les adjectifs *indéfinis?*

Les adjectifs *indéfinis* déterminent la signification du substantif en y ajoutant une idée de généralité. Ce sont : *chaque, nul, aucun, même, tout, quelque, plusieurs, tel, quel, quelconque*.

61. Que remarquez-vous sur *vingt* et *cent?*

Vingt et *cent* sont les seuls adjectifs numéraux cardinaux qui prennent la marque du pluriel. Vingt et cent prennent une *s* quand ils sont multipliés par un nombre et qu'ils n'en sont pas suivis : Ex. *Quatre-vingts hommes, trois cents chevaux.*

62. Comment écrit-on *mille?*

Mille s'écrit de trois manières.

1° *Mil* pour exprimer la date des années ; Ex. *cette personne est née en* MIL *huit cent trente.*

2° *Mille* quand il signifie dix fois cent : Ex. *je viens de recevoir six* MILLE *francs.*

Dans ces deux cas il rejette la marque du pluriel.

3° *Mille* avec une s au pluriel pour représenter une étendue de chemin : Ex. *trois* MILLES *d'Angleterre font un peu plus d'une lieue de France.*

Les autres adjectifs numéraux cardinaux restent invariables.

63. Que remarquez-vous sur le mot *même?*
Même est adjectif ou adverbe.

64. Quand *même* est-il adjectif?
Même est adjectif dans deux cas : 1° Quand il est placé avant le substantif : Ex. *Nous avons les* MÊMES *cahiers.*

2° Quand il est placé après un pronom ou un seul substantif : Ex. *ces personnes elles-*MÊMES *l'ont approuvé. Ces fautes* MÊMES *la portent vers Dieu.*

65. Quand *même* est-il adverbe ?
Même est advebe, et reste invariable, quand il est placé après plusieurs substantifs, après

un verbe, et devant un adjectif : Ex. *les pauvres, les riches, les rois* MÊME *sont sujets à la mort. Nous prions* MÊME *en travaillant. Les personnes* MÊME *vertueuses doivent craindre la vanité.*

66. De combien de manières s'écrit *quelque?*

Quelque s'écrit de trois manières.

67. Comment s'écrit-il suivi d'un substantif?

Suivi d'un substantif il s'écrit en un mot, et s'accorde en nombre avec ce substantif: Ex. *donnez-moi quelques images.*

68. Comment s'écrit-il suivi d'un qualificatif?

Suivi d'un *adjectif* ou d'un *adverbe,* il s'écrit en un mot, est adverbe et reste invariable : Ex. *quelque grands que soient vos talents, quelque poliment que nous parlions.*

69. Comment s'écrit-il devant un verbe ?

Suivi d'un verbe, il s'écrit en deux mots : *quel* est adjectif et s'accorde en genre et en nombre avec le sujet du verbe, et *que* conjonction reste invariable : Ex. *votre sœur est modeste,* QUELLE QUE *soit sa vertu,* QUELS QUE *soient ses talents.*

70 Que remarquez-vous sur le mot *tout ?*

Tout est adjectif ou adverbe.

71. Quand *tout* est-il adjectif?

Tout est adjectif et s'accorde, lorsqu'il signifie chaque ou en totalité : Ex. TOUTE *personne est sujette aux souffrances;* TOUS *les enfants,* TOUTES *les classes.*

72. Quand *tout* est-il adverbe?

Tout est adverbe quand il signifie *tout-à-fait, quelque,* dans ce cas il précède un adjectif, un participe ou un adverbe : Ex. *ils sont* TOUT *étonnés de vous voir, elle est* TOUT *endormie.*

73. Quelle est l'exception à cette règle?

Tout, quoique adverbe, varie lorsque le qualificatif qui suit est féminin et commence par une consonne ou une *h* aspirée : Ex. *Elles sont* TOUTES *déconcertées,* TOUTES *honteuses.*

CHAPITRE V.

DU PRONOM.

74. Qu'est-ce que le *pronom?*

Le *pronom* est un mot que l'on met à la place du substantif pour en rappeler l'idée et en éviter la répétition.

75. Les pronoms sont toujours du même genre et du même nombre que le substantif dont ils tiennent la place : Ex. *Marie a pitié du pécheur* QUI LA *prie,* ELLE LE *sauve du danger.*

76. S'ils représentent plusieurs substantifs, ils se mettent au pluriel et prennent le genre masculin, si les substantifs sont de différents genres : Ex. *le père et la mère de cet enfant sont affligés de sa conduite*, ILS *désirent sa conversion.*

77. Combien y a-t-il de sortes de *pron'ms ?*

Il y en a cinq sortes : les pronoms *personnels*, les pronoms *p ssessifs*, les pronoms *démonstratifs*, les pronoms *relatifs* et les pronoms *indéfinis.*

78. Qu'est-ce que les pronoms *personnels?*

Les pronoms *personnels* désignent les personnes plus spécialement que les autres pronoms; ce sont : *je, me, moi, n us*, pour la première personne; *tu, te, toi, vcus*, pour la deuxième; *il, elle, ils, elles, lui, eux, le, la, les, leur, se, soi, en, y*, pour la troisième personne.

79. Qu'y a-t-il à remarquer sur *le, la, les ?*

Quand ils accompagnent un verbe, ils sont toujours pronoms : *je* LA *verrai; envoyez-*LE-*moi : je* LES *ai entendus;* et devant un substantif ils sont articles : *le cahier, la plume, les livres.*

80. Qu'est-ce que les pronoms *démonstratifs ?*

Les pronoms *démonstratifs* rappellent l'idée du substantif, en y ajoutant une idée de démonstration, tels sont : *ce, celui, celui-ci, celui-là, ceci, cela, celle, celle-ci, celle-là, ceux, ceux-ci, ceux-là, celles, celles-ci, celles-là.*

REMARQUE. *Ce* est pronom *démonstratif :* 1º quand il est placé devant le verbe *être :* EX. CE *sont vos parents;* 2º devant les pronoms relatifs *qui, que, quoi, dont,* EX. CE *qui me peine,* CE *que je désire,* CE *dont il s'agit.*

81. Qu'est-ce que les pronoms *possessifs?*

Les pronoms *possessifs* rappellent l'idée du substantif en y ajoutant une idée de possession, ces pronoms sont : *le mien, le tien, le sien, le nôtre, le vôtre, le leur; la mienne, la tienne, la sienne, la nôtre, la vôtre, la leur; les miens, les tiens, les miennes, les tiennes,* etc.

82. Qu'est-ce que les pronoms *relatifs?*

Ce sont ceux qui rappellent l'idée d'un substantif ou d'un pronom qui précède, et avec lequel ils ont une relation intime; ces pronoms sont : *qui, que, quoi, dont, lequel, laquelle, lesquels,* etc.

83. Qu'est-ce que les pronoms *indéfinis?*

Les pronoms *indéfinis* désignent d'une manière vague les personnes et les choses dont ils rappellent l'idée. Ces pronoms sont: *on, quiconque, quelqu'un, chacun, autrui, l'un, l'autre, l'un et l'autre, personne, rien.*

CHAPITRE VI.

DU VERBE.

84. Qu'est-ce que le *verbe ?*

Le *verbe* est un mot qui affirme que l'on est ou que l'on fait quelque chose ; on connaît qu'un mot est un verbe quand on peut y joindre les pronoms je, tu, il, nous, vous, ils. *Lire* est un verbe, car on peut dire : *je lis, tu lis, il lit*, etc.

85. Combien y a-t-il de verbes *auxiliaires ?*

Il y un a deux : le verbe *avoir* et le verbe *être ;* on les appelle ainsi parce qu'ils aident à conjuguer les autres verbes.

86. Qu'est-ce que *conjuguer* un verbe ?

C'est le réciter dans tous ses temps.

87. Avec quoi s'accorde le verbe ?

Le verbe s'accorde en nombre et en personne avec son sujet.

88. Qu'est-ce que le *sujet ?*

C'est le mot représentant la personne ou la chose qui fait ou reçoit l'action exprimée par le verbe. Il répond à la question *qui est-ce qui* pour les personnes, et *qu'est-ce qui* pour les choses : Ex. *Louise chante ; Louise* est le sujet de *chante.*

89. Comment s'accorde le *verbe*, lorsqne le sujet se compose de plusieurs substantifs ?

Lorsque le sujet se compose de plusieurs

substantifs ou pronoms, le verbe se met au pluriel et s'accorde avec la personne qui a la priorité, si les sujets sont de différentes personnes.

La première personne a la priorité sur la seconde et celle-ci sur la troisième : *Sa douceur et sa bonté me* PLAISENT. TOI *et* MOI *sortirons*. TOI *et* LUI *sortirez*.

Exceptions.

90. Quand plusieurs substantifs ou plusieurs pronoms composent le sujet, le verbe s'accorde avec le dernier substantif ou avec le dernier pronom :

1º Lorsque les mots formant le sujet sont synonymes : *son courage, son intrépidité* ÉTONNE *les plus braves*.

2º Quand les mots formant le sujet sont placés par gradation : *ce sacrifice, votre intérêt, votre honneur, Dieu l'*EXIGE.

3º Quand les mots formant le sujet sont unis par la conjonction ou : *le bien* ou *le mal* SE MOISSONNE, *selon que l'on a semé le bien* ou *le mal ; choisissez, l'un* ou *l'autre vous* SAUVERA.

91. REMARQUES. 1º Quand deux sujets, substantifs ou pronoms, sont unis par une des conjonctions *comme, de même que, ainsi que, aussi bien que*, le verbe s'accorde avec le premier sujet, le second appartenant à un

verbe sous-entendu : *La vertu*, AINSI QUE *le savoir*, A *son prix*.

92. 2° Tout verbe qui a pour sujet un collectif s'accorde avec ce collectif s'il est général : L'INFINITÉ *des perfections de Dieu m'*ACCABLE. *La* TOTALITÉ *des enfants* SACRIFIE *l'avenir au présent*.

Le verbe s'accorde avec le substantif qui suit le collectif, s'il est partitif : UNE FOULE *de barbares* DÉSOLÈRENT *le pays*.

Dans ces cas, l'adjectif qualificatif suit la même règle que le verbe : TOUTE SA VIE *n'*A ÉTÉ *qu'un travail, une occupation continuelle. Les hommes, les anges,* DIEU EST ATTENTIF *à votre sacrifice. Donnez-moi un raisin* ou *une figue* FRAÎCHE. *L'autruche a la tête,* AINSI QUE *le cou*, GARNIE *de duvet.* UNE TROUPE *de jeunes filles* TIMIDES ET INQUIÈTES.

Du complément.

93. Qu'est-ce que le *complément ?*
C'est le mot qui achève d'exprimer l'idée commencée par le verbe : *Louise chante un* CANTIQUE ; *cantique* est le complément de *chante*.

94. Combien y a-t-il de sortes de compléments ?
Il y en a deux sortes : le *complément direct* et le *complément indirect*.

95. Qu'est-ce que le complément *direct ?*

Le complément *direct* est celui qui complète la signification du verbe sans le secours d'aucun autre mot. Il répond à la question *qui* pour les personnes et *quoi* pour les choses.

96. Qu'est-ce que le complément *indirect*?

Le complément *indirect* complète la signification du verbe à l'aide de cerains mots qu'on appelle prépositions. Il répond à la question *à qui* ou *à quoi*, *de qui* ou *de quoi*, *pour qui* ou *pour quoi*.

Des différentes sortes de verbes.

97. Combien y a-t-il de *sortes* de verbes ?

Il y cinq *sortes* de verbes : le verbe *actif*, le verbe *passif*, le verbe *neutre*, le verbe *pronominal* et le verbe *unipersonnel*.

98. Qu'est-ce le verbe *actif?*

Le verbe *actif* marque une action faite par le sujet, et a un complément direct ; on le reconnaît en ce qu'on peut mettre après lui *quelqu'un* ou *quelque chose* : Ex. *Marie* aime *Dieu*.

99. Qu'est-ce que le verbe *neutre?*

Le verbe *neutre* marque, comme le verbe actif, une action faite par le sujet, mais il n'a pas de complément direct : Ex. *Marie* vient.

100. Qu'est-ce que le verbe *passif?*

Le verbe *passif* marque une action reçue ou soufferte par le sujet : Ex. *Joséphine* est aimée *de sa mère.*

101. Qu'est-ce que le verbe *pronominal?*

Le verbe *pronominal* est celui qui se conjugue avec deux pronoms de la même personne : Ex. NOUS NOUS *écrivons.*

102. Qu'est-ce que le verbe *unipersonnel?*

Le verbe *unipersonnel* est celui qui ne s'emploie qu'à la troisième personne du singulier : IL *pleut*, IL *neige.*

103. Comment connaît-on qu'un verbe est *unipersonnel* ou employé *unipersonnellement?*

C'est lorsqu'on ne peut pas remplacer le pronom *il* par un autre sujet : Ex. IL *se présente des difficultés.*

104. Comment se conjuguent les verbes *actifs?*

Ils se conjuguent tous avec l'auxiliaire *avoir.*

105. Comment se conjuguent les verbes *neutres?*

La plus grande partie avec l'auxiliaire *avoir* et la plus petite avec l'auxiliaire *être.*

106. Comment se conjuguent les verbes *passifs?*

Ils se conjuguent tous avec l'auxiliaire *être.*

107. Comment se conjuguent les verbes *pronominaux?*

Tous se conjuguent avec l'auxiliaire *être* mis pour AVOIR.

108. Comment se conjuguent les verbes *unipersonnels?*

Comme les verbes neutres, la plus grande partie avec l'auxiliaire *avoir* et la plus petite avec l'auxiliaire *être*.

Principes sur les temps des verbes

109. Combien y a-t-il de manières de parler ?

Il y a cinq manières de parler qu'on appelle *modes*.

110. Quels sont les cinq *modes* ?

Les cinq *modes* sont : l'*indicatif*, le *conditionnel*, l'*impératif*, le *subjonctif* et l'*infinitif*.

1er MODE. A l'*indicatif* on parle d'une manière sûre et certaine : Ex. *je prie, je parle, je partirai.*

2e MODE. Au *conditionnel* il y a une condition : Ex. *s'il faisait beau, je me* PROMÈNERAIS.

3e MODE. A l'*impératif* on commande ou on prie : Ex. TRAVAILLEZ, HONOREZ *vos parents.*

4e MODE. Au *subjonctif* on parle d'une manière douteuse et incertaine : Ex. *je doute que* VOUS VENIEZ.

5e MODE. A l'*infinitif* on parle d'une manière générale, sans nombre ni personne. Ce n'est qu'à l'infinitif qu'on distingue de qu'elle conjugaison est un verbe.

111. Combien y a-t-il de *conjugaisons* ?

Il y en a quatre : la première a le présent de l'infinitif terminé en *er*, comme *aim*ER ; la deuxième en *ir*, comme *fin*IR; la troisième en *oir*, comme *recev*OIR, et la quatrième en *re* comme *rend*RE.

112. Comment divise-t-on les *temps* des verbes ?

On les divise en temps *simples* et en temps *composés*; en temps *primitifs* et en temps *dérivés*.

113. Qu'est-ce que les temps *simples ?*

Les temps *simples* sont ceux qui se conjuguent sans auxiliaire, comme *je* LIS.

114. Qu'est-ce que les temps *composés ?*

Ce sont ceux qui empruntent un des temps du verbe *avoir* ou du verbe *être*, comme *j'*AI *lu*, *j'*AVAIS *lu*, *je* SUIS *tombé*.

115. Qu'est-ce que les temps *primitifs ?*

Ce sont ceux qui servent à former les autres temps.

116. Quels sont les temps *primitifs ?*

Il y en a cinq : le *présent de l'infinitif*, le *participe présent*, le *participe passé*, le *présent de l'indicatif* et le *passé défini*.

117. Qu'est-ce que les temps *dérivés ?*

Ce sont ceux qui sont formés des temps primitifs.

118. Quels temps forme le *présent de l'infinitif ?*

Le *présent de l'infinitif* forme le *futur simple* et le *conditionnel présent* : le futur, par le changement de *r*, *re* ou *oir* en *rai* : *ai-*

mer, *j'aime*RAI ; *rendre*, *je rend*RAI ; *rece-*
voir, *je recev*RAI ; le *conditionnel présent*,
par le changement de *r*, *re* ou *oir* en *rais* :
aimer, *j'aime*RAIS ; *finir*, *je fini*RAIS ; *rece-*
voir, *je recev*RAIS ; *rendre*, *je rend*RAIS.

119. Quels temps forme le *participe pré-*
sent?

~Le *participe présent* forme trois temps :

1° Les trois personnes plurielles du *présent*
de l'indicatif par le changement de *ant* en
ons, *ez*, *ent* : *aimant*, *nous aim*ONS, *vous*
*aim*EZ, *ils aim*ENT.

2° L'*imparfait de l'indicatif* par le changement de *ant* en *ais* : *aimant*, *j'aim*AIS, *tu ai-*
*m*AIS, etc.

3° Le *présent du subjonctif* par le changement de *ant* en *e* : *aimant*, *que j'aim*E ; *finis-*
sant, *que je finis*SE.

120. Quels temps forme le participe *passé?*
Tous les temps composés par le moyen des
auxiliaires *avoir* et *être*.

121. Quel temps forme le *présent de l'indi-*
catif ?

Il forme l'*impératif* en supprimant les pronoms *je*, *nous*, *vous* : *j'aime*, *aime* ; *nous*
aimons, *aimons* ; *vous aimez*, *aimez*.

122. Quel temps forme le *passé défini ?*
Le *passé défini* forme l'*imparfait du sub-*
jonctif par le changement de *ai* en *asse* pour

les verbes de la première conjugaison, et pour les autres conjugaisons on ajoute *se*.

123. Qu'est-ce que le temps?

C'est la forme que prend le verbe pour marquer que l'affirmation se rapporte au *présent*, au *passé* ou au *futur*.

124. Que marque le *présent de l'indicatif?*

Le *présent de l'indicatif* marque une action faite au moment de la parole, comme *je* CHANTE; il marque encore une chose qui est vraie dans tous les temps. *La vertu* EST *préférable aux richesses.*

125. Que marque l'*imparfait?*

L'*imparfait de l'indicatif* marque qu'une action se faisait en même temps qu'une autre dans un temps passé : *je* PRIAIS *pendant que* VOUS DORMIEZ.

126. Que marque le *passé défini?*

Le *passé défini* marque une action faite dans un temps passé complétement écoulé : *je* VOYAGEAI *l'année dernière.*

127. Que marque le *passé indéfini*

Le *passé indéfini* marque une action faite dans un temps passé complétement écoulé ou non : *j'ai écrit* AUJOURD'HUI, *j'ai écrit* HIER.

128. Que marque le *passé antérieur?*

Le *passé antérieur* exprime l'action comme ayant eu lieu avant une autre : *quand j'*EUS REÇU *ma lettre, je* PARTIS.

129. Que marque le *plus-que-parfait?*

Le *plus-que-parfait* exprime l'action comme passée à l'égard d'une autre aussi passée : *j'*AVAIS FINI *mon ouvrage lorsque vous vîntes.*

130. Qu'exprime le *futur?*

Le *futur* exprime une action à venir : *j'*ÉTUDIERAI *demain.*

Le *futur antérieur* l'exprime comme devant avoir lieu avant une époque à venir : *j'*AURAI FINI *quand vous viendrez.*

131. Que marque le *conditionnel?*

Le *conditionnel présent* marque une action qui se ferait moyennant une condition : *vous* REMPLIRIEZ *vos devoirs, si vous étiez raisonnable.*

Le *conditionnel passé* marque une action qui se serait faite, si une condition avait été remplie : *j'*AURAIS SU *mes leçons, si j'avais étudié.*

132. Comment l'action est-elle exprimée par *l'impératif?*

L'*impératif* l'exprime sous l'idée du commandement, de la prière : CRAIGNEZ *Dieu et* AIMEZ-*le.*

133. Quand emploie-t-on le *présent du subjonctif?*

Le *présent du subjonctif* s'emploie à la suite des verbes qui sont au présent ou au futur : *il faut que je* TRAVAILLE.

134. Quand emploie-t-on l'*imparfait du subjonctif?*

L'imparfait du subjonctif se met à la suite des verbes qui ne sont pas au présent ou au futur : *on voudrait qu'il* vînt.

135. Le *passé du subjonctif* remplace le présent pour marquer un passé : *je doute que vous* ayez étudié *hier.*

Le *plus-que-parfait* s'emploie au lieu de l'imparfait pour marquer un passé : *je doutais que vous* eussiez étudié *la semaine dernière.*

Remarques sur l'orthographe des verbes.

136. Comment se termine la première personne du singulier ?

La première personne du singulier est toujours terminée par *s* : *je finis, je donnais ;* excepté, 1° au présent de l'indicatif et au passé défini de la première conjugaison : *j'aime, je donne, j'aimai, je donnai ;* 2° au futur simple, au présent et à l'imparfait du subjonctif des quatre conjuguaisons : *j'aimerais, que je finisse, que je reçusse.* Pouvoir, vouloir et valoir prennent *x* au lieu de *s* : *je peux, je veux, je vaux.*

137. Comment se termine la deuxième personne ?

La deuxième personne du singulier est toujours terminée par *s* : *tu aimes, tu recevais.* Pouvoir, vouloir et valoir prennent également *x* : *tu peux, tu veux, tu vaux.*

138. Comment se termine la troisième personne ?

La troisième personne du singulier est toujours terminée par *t* : *il donnai*T ; excepté, 1° au présent de l'indicatif et au passé défini de la première conjugaison : *il aime, il donne, il aima, il donna* ; 2° au futur et au présent du subjonctif des quatre conjugaisons : *il aimera, qu'il aime*.

139. Comment se termine la première personne plurielle ?

La première personne plurielle est toujours terminée par *s* : *nous aimâme*s, *nous finission*s.

140. Comment se termine la deuxième personne.

La deuxième personne est toujours terminée par *z* : *vous aimez* ; excepté lorsque la dernière syllabe est muette ; alors *s* remplace *z* : *vous dite*s, *vous faite*s.

141. Comment se termine la troisième personne plurielle.

Elle est toujours terminée par *nt* : *ils aime*NT, *ils so*NT, *ils finiro*NT, *ils vo*NT.

142. Quelle remarque y a-t-il à faire sur le *passé défini* ?

La première et la deuxième personne plurielles du *passé défini* prennent un accent circonflexe sur la voyelle qui précède la dernière syllabe : Ex. *nous eûmes, vous fûtes*.

143. Comment s'écrit la deuxième personne du singulier de l'*impératif?*

La deuxième personne du singulier de l'impératif est toujours semblable à la première du présent de l'indicatif : *j'aime, aime; je finis, finis.* Les verbes de la première conjugaison prennent une *s* lorsqu'ils sont suivis de *y* ou du pronom *en : travailles-y, donnes-en.*

144. Dans quel verbe met-on un *e* avant l'*r* au futur et au conditionnel ?

Le futur et le conditionnel ne prennent un *e* avant l'*r* que dans les verbes de la première conjugaison : Ex. *je prierai, je prierais, j'étudierai, j'étudierais.*

145. Que remarquez-vous sur l'*imparfait du subjonctif?*

L'*imparfait du subjonctif* prend *ss* dans toute son étendue, *que j'aimasse, que nous reçussions* ; excepté à la troisième personne du singulier qui prend un *t* et un accent circonflexe sur la dernière voyelle : Ex. *qu'il chantât, qu'il reçût, qu'il vînt.*

Lorsqu'on hésite entre le passé défini, *il chanta*, et l'imparfait du subjonctif, *qu'il chantât*, il faut voir si le sens permet de dire au pluriel : *nous chantâmes* ou *nous chantassions;* dans le premier cas, c'est le passé défini, et dans le second, c'est l'imparfait du subjonctif.

146. Qu'appelle-t-on *radical* d'un verbe ?

C'est la partie du verbe qui ne change point

dans tout le verbe : *chant* est le radical du verbe chanter.

147. Qu'est-ce que la *terminaison ?*

C'est la partie qui est susceptible de changer à chaque personne.

Verbe auxiliaire AVOIR.

INDICATIF.
Présent.

J'ai.
tu as.
il a.
nous avons.
vous avez.
ils ont.

Imparfait.

J'avais.
tu avais.
il avait.
nous avions.
vous aviez.
ils avaient.

Passé défini.

J'eus.
tu eus.
il eut.
nous eûmes.
vous eûtes.
ils eurent.

Passé indéfini.

J'ai eu.
tu as eu.
il a eu.
nous avons eu.
vous avez eu.
ils ont eu.

Passé antérieur.

J'eus eu.
tu eus eu.
il eut eu.
nous eûmes eu.
vous eûtes eu.
ils eurent eu.

Plus-que-parfait.

J'avais eu.
tu avais eu.
il avait eu.
nous avions eu.
vous aviez vu.
ils avaient eu.

Futur.

J'aurai.
tu auras.
il aura.
nous aurons.
vous aurez.
ils auront.

Futur antérieur.

J'aurai eu.
tu auras eu.
il aura eu.
nous aurons eu.
vous aurez eu.
ils auront eu.

CONDITIONNEL.
Présent.

J'aurais.
tu aurais.
il aurait.
nous aurions.
vous auriez.
ils auraient.

Passé.

J'aurais eu.
tu aurais eu.
il aurait eu.
nous aurions eu.
vous auriez eu.
ils auraient eu.

On dit aussi :

J'eusse eu.
tu eusses eu.
il eût eu.
nous eussions eu.
vous eussiez eu.
ils eussent eu.

IMPÉRATIF.

Aie.
ayons.
ayez.

SUBJONCTIF.
Présent ou *Futur.*

Que j'aie.
que tu aies.
qu'il ait.
que nous ayons.

que vous ayez.
qu'ils aient.

Imparfait.

Que j'eusse.
que tu eusses.
qu'il eût.
que nous eussions.
que vous eussiez.
qu'ils eussent.

Passé.

Que j'aie eu.
que tu aies eu.
qu'il ait eu.
que nous ayons eu.
que vous ayez eu.
qu'ils aient eu.

Plus-que-parfait.

Que j'eusse eu.
que tu eusses eu.
qu'il eût eu.
que nous eussions eu.
que vous eussiez eu.
qu'ils eussent eu.

INFINITIF.
Présent.

Avoir.

Passé.

Avoir eu.

Participe présent.

Ayant.

Passé.

Eu, eue, ayant eu.

Verbe auxiliaire ÊTRE.

INDICATIF.
Présent.

Je suis.
tu es.

il est.
nous sommes.
vous êtes.
ils sont.

Imparfait.

J'étais.
tu étais.
il était.
nous étions.
vous étiez.
ils étaient.

Passé défini.

Je fus.
tu fus.
il fut.
nous fûmes.
vous fûtes.
ils furent.

Passé indéfini.

J'ai été.
tu as été.
il a été.
nous avons été.
vous avez été.
ils ont été.

Passé antérieur.

J'eus été.
tu eus été.
il eut été.
nous eûmes été.
vous eûtes été.
ils curent été.

Plus-que-parfait.

J'avais été.
tu avais été.
il avait été.
nous avions été.
vous aviez été.
ils avaient été

Futur.

Je serai.
tu seras.

il sera.
nous serons.
vous serez.
ils seront.

Futur antérieur.

J'aurai été.
tu auras été.
il aura été.
nous aurons été.
vous aurez été.
ils auront été.

CONDITIONNEL.
Présent.

Je serais.
tu serais.
il serait.
nous serions.
vous seriez.
ils seraient.

Passé.

J'aurais été.
tu aurais été.
il aurait été.
nous aurions été.
vous auriez été.
ils auraient été.

IMPÉRATIF.

Sois.
soyons.
soyez.

SUBJONCTIF.
Présent ou Futur.

Que je sois.
que tu sois.
qu'il soit.
que nous soyons.
que vous soyez.
qu'ils soient.

Imparfait.

Que je fusse.
que tu fusses.
qu'il fût.
que nous fussions.
que vous fussiez.
qu'ils fussent.

Passé.

Que j'aie été.
que tu aies été.
qu'il ait été.
que nous ayons été.
que vous ayez été.
qu'ils aient été.

Plus-que-parfait.

Que j'eusse été.
que tu eusses été.
qu'il eût été.
que nous eussions été.
que vous eussiez été.
qu'ils eussent été.

INFINITIF.
Présent.

Être.

Passé.

Avoir été.

Participe présent.

Étant.

Passé.

Été, ayant été.

Première conjugaison en ER.

INDICATIF.
Présent.

J'aime.
tu aimes.
il aime.
nous aimons.
vous aimez.
ils aiment.

Imparfait.

J'aimais.
tu aimais.
il aimait.
nous aimions.
vous aimiez.
ils aimaient.

Passé défini.

J'aimai.
tu aimas.
il aima.
nous aimâmes.
vous aimâtes.
ils aimèrent.

Passé indéfini.

J'ai aimé.
tu as aimé.
il a aimé.
nous avons aimé.
vous avez aimé.
ils ont aimé.

Passé antérieur.

J'eus aimé.
tu eus aimé.
il eut aimé.
nous eûmes aimé.
vous eûtes aimé.
ils eurent aimé.

Plus-que-parfait.

J'avais aimé.
tu avais aimé.
il avait aimé.
nous avions aimé.
vous aviez aimé.
ils avaient aimé.

Futur.

J'aimerai.
tu aimeras
il aimera.
nous aimerons.
vous aimerez.
ils aimeront.

Futur antérieur.

J'aurai aimé.
tu auras aimé.
il aura aimé.
nous aurons aimé.
vous aurez aimé.
ils auront aimé.

CONDITIONNEL.
Présent.

J'aimerais.
tu aimerais.
il aimerait.
nous aimerions.
vous aimeriez.
ils aimeraient.

Passé.

J'aurais aimé.
tu aurais aimé.
il aurait aimé.
nous aurions aimé.
vous auriez aimé.
ils auraient aimé.

On dit aussi :

J'eusse aimé.
tu eusses aimé.
il eût aimé.
nous eussions aimé.
vous eussiez aimé.
ils eussent aimé.

IMPÉRATIF.

Aime.
aimons.
aimez.

SUBJONCTIF.
Présent.

Que j'aime.
que tu aimes.
qu'il aime.
que nous aimions.
que vous aimiez.
qu'ils aiment.

Imparfait.

Que j'aimasse.
que tu aimasses.
qu'il aimât.
que nous aimassions.
que vous aimassiez.
qu'ils aimassent.

Passé.

Que j'aie aimé.
que tu aies aimé.
qu'il ait aimé.
que nous ayons aimé.
que vous ayez aimé.
qu'ils aient aimé.

Plus-que-parfait.

Que j'eusse aimé.
que tu eusses aimé.
qu'il eût aimé.
que nous eussions aimé.
que vous eussiez aimé.
qu'ils eussent aimé.

INFINITIF.
Présent.

Aimer.

Passé.

Avoir aimé.

Participe présent.

Aimant.

Passé.

Aimé, ayant aimé.

2**

Deuxième conjugaison en ir.

INDICATIF.
Présent.

Je finis.
tu finis.
il finit.
nous finissons.
vous finissez.
ils finissent.

Imparfait.

Je finissais.
tu finissais.
il finissait.
nous finissions.
vous finissiez.
ils finissaient.

Passé défini.

Je finis.
tu finis.
il finit.
nous finîmes.
vous finites.
ils finirent.

Passé indéfini.

J'ai fini.
tu as fini.
il a fini.
nous avons fini.
vous avez fini.
ils ont fini.

Passé antérieur.

J'eus fini.
tu eus fini.
il eut fini.
nous eûmes fini.
vous eûtes fini.
ils eurent fini.

Plus-que-parfait.

J'avais fini.
tu avais fini.
il avait fini.
nous avions fini.
vous aviez fini.
ils avaient fini.

Futur.

Je finirai.
tu finiras.
il finira.
nous finirons.
vous finirez.
ils finiront.

Futur antérieur.

J'aurai fini.
tu auras fini.
il aura fini.
nous aurons fini.
vous aurez fini.
ils auront fini.

CONDITIONNEL.
Présent.

Je finirais.
tu finirais.
il finirait.
nous finirions.
vous finiriez.
ils finiraient.

Passé.

J'aurais fini.
tu aurais fini.
il aurait fini.
nous aurions fini.
vous auriez fini.
ils auraient fini.

On dit aussi :
J'eusse fini.
tu eusses fini.
il eût fini.
neus eussions fini.
vous eussiez fini.
ils eussent fini.

IMPÉRATIF.

Finis.
finissons.
finissez.

SUBJONCTIF.
Présent.

Que je finisse.
que tu finisses.
qu'il finisse.
que nous finissions.
que vous finissiez.
qu'ils finissent.

Imparfait.

Que je finisse.
que tu finisses.
qu'il finit.
que nous finissions.

que vous finissiez.
qu'ils finissent.

Passé.
Que j'aie fini.
que tu aies fini.
qu'il ait fini.
que nous ayons fini.
que vous ayez fini.
qu'ils aient fini.

Plus-que-parfait.
Que j'eusse fini.
que tu eusses fini.
qu'il eût fini.
que nous eussions fini.
que vous eussiez fini.
qu'ils eussent fini.

INFINITIF.
Présent.
Finir.
Passé.
Avoir fini.
Participe présent.
Finissant.
Passé.
Fini, ayant fini.

Troisième conjugaison en oir.

INDICATIF.
Présent.
Je reçois.
tu reçois.
il reçoit.
nous recevons.
vous recevez.
ils reçoivent.
Imparfait.
Je recevais.
tu recevais.

il recevait.
nous recevions.
vous receviez.
ils recevaient.

Passé défini.
Je reçus.
tu reçus.
il reçut.
nous reçûmes.
vous reçûtes.
ils reçurent.

Passé indéfini.

J'ai reçu.
tu as reçu.
il a reçu.
nous avons reçu.
vous avez reçu.
ils ont reçu.

Passé antérieur.

J'eus reçu.
tu eus reçu.
il eut reçu.
nous eûmes reçu.
vous eûtes reçu.
ils eurent reçu.

Plus-que-parfait.

J'avais reçu.
tu avais reçu.
il avait reçu.
nous avions reçu.
vous aviez reçu.
ils avaient reçu.

Futur.

Je recevrai.
tu recevras.
il recevra.
nous recevrons.
vous recevrez.
ils recevront.

Futur antérieur.

J'aurai reçu.
tu auras reçu.
il aura reçu.
nous aurons reçu.
vous aurez reçu.
ils auront reçu.

CONDITIONNEL.
Présent.

Je recevrais.
tu recevrais.

il recevrait.
nous recevrions.
vous recevriez.
ils recevraient.

Conditionnel passé.

J'aurais reçu.
tu aurais reçu.
il aurait reçu.
nous aurions reçu.
vous auriez reçu.
ils auraient reçu.

On dit aussi :

J'eusse reçu.
tu eusses reçu.
il eût reçu.
nous eussions reçu.
vous eussiez reçu.
ils eussent reçu.

IMPÉRATIF.

Reçois.
recevons.
recevez.

SUBJONCTIF.
Présent.

Que je reçoive.
que tu reçoives.
qu'il reçoive.
que nous recevions.
que vous receviez.
qu'ils reçoivent.

Imparfait.

Que je reçusse.
que tu reçusses.
qu'il reçût.
que nous reçussions.
que vous reçussiez.
qu'ils reçussent.

Passé

Que j'aie reçu.
que tu aies reçu.
qu'il ait reçu.
que nous ayons reçu.
que vous ayez reçu.
qu'ils aient reçu.

Plus-que-parfait.

Que j'eusse reçu.
que tu eusses reçu.
qu'il eût reçu.
que nous eussions reçu.
que vous eussiez reçu.
qu'ils eussent reçu.

INFINITIF.
Présent.

Recevoir.

Passé.

Avoir reçu.

Participe présent.

Recevant.

Passé.

Reçu, ayant reçu.

Quatrième conjugaison en RE.

INDICATIF.
Présent.

Je rends.
tu rends.
il rend.
nous rendons.
vous rendez.
ils rendent.

Imparfait.

Je rendais.
tu rendais.
il rendait.
nous rendions.
vous rendiez.
ils rendaient.

Passé défini.

Je rendis.
tu rendis.
il rendit.
nous rendîmes.
vous rendîtes.
ils rendirent.

Passé indéfini.

J'ai rendu.
tu as rendu.
il a rendu.
nous avons rendu.
vous avez rendu.
ils ont rendu.

Passé antérieur.

J'eus rendu.
tu eus rendu.
il eut rendu.
nous eûmes rendu.
vous eûtes rendu.
ils eurent rendu.

Plus-que-parfait.

J'avais rendu.
tu avais rendu.
il avait rendu.
nous avions rendu.
vous aviez rendu.
ils avaient rendu.

Futur.

Je rendrai.
tu rendras.
il rendra.
nous rendrons.
vous rendrez.
ils rendront.

Futur antérieur.

J'aurai rendu.
tu auras rendu.
il aura rendu.
nous aurons rendu.
vous aurez rendu.
ils auront rendu.

CONDITIONNEL.
Présent.

Je rendrais.
tu rendrais.
il rendrait.
nous rendrions.
vous rendriez.
ils rendraient.

Passé.

J'aurais rendu.
tu aurais rendu.
il aurait rendu.
nous aurions rendu.
vous auriez rendu.
ils auraient rendu.

On dit aussi :

J'eusse rendu.
tu eusses rendu.
il eût rendu.
nous eussions rendu.
vous eussiez rendu.
ils eussent rendu.

IMPÉRATIF.

Rends.
rendons.
rendez.

SUBJONCTIF.
Présent.

Que je rende.
que tu rendes.

qu'il rende.
que nous rendions.
que vous rendiez.
qu'ils rendent.

Imparfait.

Que je rendisse.
que tu rendisses.
qu'il rendît.
que nous rendissions.
que vous rendissiez.
qu'ils rendissent.

Passé.

Que j'aie rendu.
que tu aies rendu.
qu'il ait rendu.
que nous ayons rendu
que vous ayez rendu.
qu'ils aient rendu.

Plus-que-parfait.

Que j'eusse rendu.
que tu eusses rendu.
qu'il eût rendu.
que nous eussions rendu.
que vous eussiez rendu.
qu'ils eussent rendu.

INFINITIF.
Présent.

Rendre.

Passé

Avoir rendu.

Participe présent.

Rendant.

Passé.

Rendu, ayant rendu.

148. Qu'appelle-t-on verbes *défectifs* ?
Ce sont les verbes auxquels il manque cer-

tains temps ou certaines personnes, comme *frire*, *vouloir*, etc.

149. Qu'est-ce que les verbes *réguliers ?*

Ce sont ceux dont les temps primitifs forment les temps dérivés en faisant les changements qu'on est convenu de faire.

150. Qu'est-ce que les verbes *irréguliers ?*

Ce sont ceux dont les temps primitifs ne forment pas les temps dérivés en faisant les changements qu'on est convenu de faire.

VERBES IRRÉGULIERS.

PREMIÈRE CONJUGAISON.

ALLER. — *Ind. prés.* Je vais, tu vas, il va, nous allons, vous allez, ils vont. *Futur.* J'irai, tu iras, etc. *Impér.* Va, allons, allez. *Subj. prés.* Que j'aille, que tu ailles, qu'il aille, que nous allions, que vous alliez, qu'ils aillent.

S'EN ALLER. — Se conjugue comme ALLER, en observant que la particule *en* se place, dans les temps composés, avant l'auxiliaire : il s'en est allé.

ENVOYER. — Ce verbe n'est irrégulier qu'au futur et au conditionnel. J'enverrai, tu enverras, etc. J'enverrais, tu enverrais, etc.

DEUXIÈME CONJUGAISON.

ACQUÉRIR. — *Ind. prés.* J'acquiers, tu acquiers, il acquiert, nous acquérons, vous acquérez, ils acquièrent. *Imp.* J'acquérais.

Pas. déf. J'acquis. *Pas. ind.* J'ai acquis. *Futur.* J'acquerrai. *Impér.* Acquiers, acquérons, acquérez. *Subj.* Que j'acquière, que tu acquières, qu'il acquière, que nous acquérions, que vous acquériez, qu'ils acquièrent. *Imp.* Que j'acquisse. *Part.* Acquérant, acquis.

Courir. — *Ind. prés.* Je cours. *Futur.* Je courrai. *Subj.* Que je coure. *Imp.* Que je courusse. *Part.* Courant, couru. Conjuguez de même recourir, secourir, etc.

Cueillir. — *Ind. prés.* Je cueille, nous cueillons. *Futur.* Je cueillerai. *Impér.* Cueille, cueillons, cueillez. *Subj.* Que je cueille, que nous cueillions, etc. Conjuguez de même accueillir, recueillir.

Mourir. — *Ind. prés.* Je meurs. *Imp.* Je mourais. *Pas. déf.* Je mourus. *Futur.* Je mourrai. *Impér.* Meurs, mourons, mourez. *Subj.* Que je meure, que nous mourions, que vous mouriez, qu'ils meurent. *Part.* mourant, mort. Ce verbe ne se conjugue qu'avec l'auxiliaire *être.*

Servir. — *Ind. prés.* Je sers, tu sers, il sert, nous servons, vous servez, ils servent.

Tenir. — *Ind. prés.* Je tiens, nous tenons, ils tiennent. *Pas. déf.* Je tins, il tint, nous tînmes. *Futur.* Je tiendrai. *Subj.* Que je tienne, que nous tenions, que vous teniez, qu'ils tiennent.

Venir. — *Ind. prés.* Je viens, nous venons. *Futur.* Je viendrai. *Subj.* Que je vienne, que nous venions, que vous veniez, qu'ils viennent.

Vêtir. — *Ind. prés.* Je vêts, tu vêts, il vêt, nous vêtons, ils vêtent. *Futur.* Je vêtirai.

TROISIÈME CONJUGAISON.

S'asseoir. — *Ind. prés.* Je m'assieds ou je m'assois, tu t'assieds, il s'assied ou s'assoit, nous nous asseyons, ils s'assoient. *Imp.* Je m'asseyais, nous nous asseyions. *Futur.* Je m'assiérai ou je m'asseierai ou je m'assoirai. *Impér.* Assieds-toi, asseyons-nous, asseyez-vous. *Subj.* Que je m'asseie. *Part.* S'asseyant, assis.

Choir. — N'est usité qu'à l'infinitif.

Déchoir. — *Ind. prés.* Je déchois, il déchoit, nous déchoyons, ils déchoient. *Imp.* Je déchoyais. *Futur.* Je décherrai. *Subj.* Que je déchoie. Ce verbe, quoique n'ayant pas de participe présent, admet tous les temps qui en sont formés.

Échoir. — *Ind. prés.* Il échoit ou il échet, ils échoient ou ils échéent. *Imp.* Il écheyait. *Pas. déf.* Il échut. *Futur.* Il écherra. *Subj.* Qu'il échoie. *Imp.* Qu'il échût. *Part.* échéant, échu.

Falloir. — Il faut, il fallait, il fallut, il faudra, qu'il faille, qu'il fallût. *Part. pas.* fallu (invariable). Ce verbe n'a point de participe présent.

Mouvoir. — *Ind. prés.* Je meus, nous mouvons, vous mouvez, ils meuvent. *Imp.* Je mouvais. *Pas. déf.* Je mus. *Futur.* Je mouvrai. *Subj.* Que je meuve, que nous mouvions, que vous mouviez, qu'ils meuvent. *Imp.* Que je musse. *Part.* Mouvant, mû.

Pouvoir. — *Ind. prés.* Je peux ou je puis, tu peux, il peut, nous pouvons, vous pouvez, ils peuvent. *Imp.* Je pouvais. *Futur.* Je pourrai. *Subj.* Que je puisse. *Part.* Pouvant, pu (invariable).

Prévaloir. — Ce verbe se conjugue comme valoir, excepté au présent du subjonctif, qui fait : que je prévale, que tu prévales, qu'il prévale, que nous prévalions, que vous prévaliez, qu'ils prévalent.

Pourvoir. — Je pourvois, nous pourvoyons. *Imp.* Je pourvoyais, nous pourvoyions. *Futur.* Je pourvoirai. *Subj.* Que je pourvoie. *Part.* Pourvoyant, pourvu.

Savoir. — *Ind. prés.* Je sais, nous savons. *Futur.* Je saurai. *Impér.* Sache, sachons, sachez. *Subj.* Que je sache. *Imp.* Que je susse. *Part.* Sachant, su.

Valoir. — Je vaux, il vaut, nous valons, ils valent. *Imp.* Je valais. *Pas. déf.* Je valus. *Futur.* Je vaudrai (point d'impératif). *Subj.* Que je vaille, que nous valions, qu'ils vaillent. *Imp*. Que je valusse. *Part*. Valant, valu.

Voir. — Je vois, nous voyons. *Pas. déf*. Je vis. *Futur*. Je verrai. *Subj*. Que je voie, que nous voyions. *Part*. Voyant, vu. Ses dérivés se conjuguent de même, excepté prévoir, qui fait au futur je prévoirai, et au conditionnel je prévoirais.

Vouloir. — Je veux, nous voulons, vous voulez, ils veulent. *Futur*. Je voudrai. *Impér*. Veuillez. *Subj*. Que je veuille, qu'il veuille, que nous voulions, qu'ils veuillent. *Part*. Voulant, voulu.

QUATRIÈME CONJUGAISON.

Boire. — Je bois, nous buvons, ils boivent. *Imp*. Je buvais. *Futur*. Je boirai. *Subj*. Que je boive, que nous buvions, que vous buviez, qu'ils boivent. *Imp*. Que je busse. *Part*. Buvant, bu.

Dire. — Je dis, nous disons, vous dites, ils disent. *Impér*. Dis, disons, dites. Redire fait : vous redites; dédire, contredire, interdire, médire, prédire font : vous dédisez, vous contredisez, vous interdisez, vous médisez, vous prédisez.

Faire. — Je fais, nous faisons, ils font. *Futur*. Je ferai. *Subj*. Que je fasse. *Part*. faisant, fait. Ainsi se conjuguent tous les composés de faire.

FRIRE. — Ce verbe n'est usité que dans les formes suivantes : Je fris, tu fris, il frit; je frirai, nous frirons, il frirait. *Part. pas.* frit.

PRENDRE. — Je prends, nous prenons, ils prennent. *Imp.* Je prenais. *Pas. déf.* Je pris. *Futur.* Je prendrai. *Subj.* Que je prenne. *Imp.* Que je prisse. *Part.* Prenant, pris. Tous ses composés se conjuguent de même.

VAINCRE. — Je vaincs, il vainc, nous vainquons. *Pas. déf.* Je vainquis. *Futur.* Je vaincrai. *Subj.* Que je vainque. *Part.* Vainquant, vaincu. Dans ce verbe et ses dérivés le *c* se change en *qu* devant une voyelle.

Observations sur quelques verbes.

151. Dans les verbes terminés à l'infinitif par *ger*, le *g* doit toujours être suivi d'un *e* muet devant les voyelles *a*, *o* : *nous voyageons, je mangeai.*

152. Les verbes terminés à l'infinitif par *cer* prennent une cédille sous le *c* devant les voyelles *a*, *o* : *il traça, nous avançons.*

153. Les verbes terminés à l'infinitif en *eler* ou *eter* doublent les consonnes *l* et *t* devant un *e* muet : *j'appelle, nous jetterons;* excepté les cinq verbes : *acheter, bourreler, geler, harceler* et *peler* : *j'achète, qu'il gèle.*

154. Les verbes terminés au participe présent par *iant* prennent deux *i* à la première et

à la seconde personne plurielles de l'imparfait de l'indicatif et du présent du subjonctif : *nous prions, vous priez; que nous prions, que vous priez.*

155. Les verbes terminés au participe présent par *yant* prennent un *y* et un *i* à la première et à la deuxième personne du pluriel de l'imparfait de l'indicatif et du présent du subjonctif : *nous payions, vous payiez; que nous payions, que vous payiez;* de plus, ces verbes changent l'*y* en *i* devant un *e* muet : excepté dans les verbes terminés par *ayer* dans lesquels l'Académie conserve l'*y.*

156. Les verbes terminés à l'infinitif par *éer*, prennent deux *e* de suite dans toute la conjugaison, excepté devant les voyelles *a, o, i* : *nous créâmes, nous agréons.* Au participe passé féminin ils prennent trois *e : une proposition agré*ÉÉE.

157. Le verbe bénir a deux participes passés : on écrit *bénit* avec un *t* quand on parle d'une cérémonie religieuse, et *béni* sans *t* dans toutes les autres significations du verbe : *de l'eau bénit*e, *du pain béni*t; *un peuple béni de Dieu, une famille bénie du ciel.*

158. Haïr prendre deux points sur l'*i* dans toute la conjugaison, excepté aux trois personnes singulières du présent de l'indicatif : *je hais, tu hais, il hait,* et à la deuxième du singulier de l'impératif : *hais.*

159. Devoir et redevoir prennent un accent circonflexe au participe passé masculin singulier : *dû*, *redû*.

CHAPITRE VII.

DU PARTICIPE.

160. Qu'est-ce que le *participe?*

Le *participe* est un mot qui tient de la nature du verbe et de l'adjectif : du verbe, en ce qu'il en a la signification et le complément; de l'adjectif, en ce qu'il qualifie le mot auquel il se rapporte.

161. Combien y a-t-il de sortes de *participes?*

Il y en a deux sortes : le *participe présent* et le *participé passé*.

162. Le *participe présent* change-t-il de terminaison ?

Non, il est toujours terminé par *ant*, comme *lisant*, *priant*.

163. Ne s'emploie-t-il pas comme adjectif verbal ?

Oui, quand il exprime l'état, et qu'on peut le faire précéder du verbe être : *voilà des enfants charmants;* on peut dire *qui sont charmants*.

164. Qu'est-ce que le *participe passé?*

C'est celui qui exprime ordinairement une action passée.

165. Comment s'accorde le *participe passé ?*

Il y a quatre règles pour l'accord de ce participe :

1° Le participe employé sans auxiliaire s'accorde en genre et en nombre avec le mot auquel il se rapporte : *des enfants aimés.*

166. 2° Le participe accompagné de l'auxiliaire être s'accorde en genre et en nombre avec le sujet du verbe : *ces enfants sont aimés.*

167. 3° Le participe accompagné de l'auxiliaire avoir s'accorde avec son complément direct s'il en est précédé, et reste invariable s'il en est suivi ou s'il n'en a pas : *la lettre que j'ai écrite. J'ai écrit une lettre.*

168. 4° L'auxiliaire être étant mis pour avoir dans les verbes pronominaux, le participe de ces verbes suit la même règle que le participe conjugué avec avoir, c'est-à-dire qu'il s'accorde avec son complément direct s'il en est précédé, et reste invariable s'il en est suivi ou s'il n'en a pas : Ex. *elles se sont consultées, elles se sont vues.*

Remarques.

169. 1° Le participe d'un verbe unipersonnel est toujours invariable : *les chaleurs qu'il a fait. Il est arrivé de grands malheurs.*

170. 2° Le participe entre deux *que* est également invariable : *les réponses que j'avais prévu qu'on vous ferait.*

171. 3° Le participe précédé de *l'* est invariable quand l', son complément direct, représente un membre de phrase : *cette lettre est plus intéressante que je ne l'avais cru;* mais le participe s'accorde si *l'* représente un substantif : *j'ai lu votre composition, je l'ai trouvée bien faite.*

172. 4° Le participe suivi d'un infinitif s'accorde quand il a pour complément direct le pronom qui précède, et reste invariable s'il a pour complément l'infinitif qui suit : *cette femme chante bien, je l'ai entendue chanter. Cette romance est charmante, je l'ai entendu chanter.*

On reconnaît que le participe suivi d'un infinitif s'accorde, quand le complément qui précède peut faire l'action exprimée par l'infinitif, et il reste invariable si le complément ne peut faire l'action.

173. 5° Le participe *fait* suivi d'un infinitif est toujours invariable : *la pièce qu'il a fait jouer.*

174. 6° Le participe précédé de *le peu* reste invariable quand ce mot veut dire le manque : *le peu d'affection que vous lui avez montré l'a découragé.* Mais si *le peu* signifie la petite quantité, le participe s'accorde avec le substantif qui suit le peu : *le peu d'affection que vous lui avez témoignée lui a rendu le courage.*

175. 7° Le participe précédé du pronom *en* est invariable : *ce général a remporté plus de victoires que les autres n'en ont lu.* Cependant il s'accorderait s'il y avait un autre complément direct : *ils ont outragé la religion et Dieu les en a punis.*

176. 8° Les participes *coûté* et *valu* sont variables lorsque les verbes coûter et valoir sont employés activement : coûter est actif quand il signifie causer, exiger, et valoir lorsqu'il a le sens de procurer, rapporter : Ex. *les peines que cette affaire m'a coûté*ES, c'est-à-dire m'a causées. *Les honneurs que cette place m'a valu*S, c'est-à-dire m'a procurés.

177. Le *participe passé* est soumis aux mêmes règles d'accord que l'adjectif et le verbe :

178. 1° Quand il est précédé de deux substantifs synonymes, il s'accorde avec le dernier : *une bravoure, une valeur estimé*E.

179. 2° Quand il est précédé de deux substantifs unis par la conjonction *ou*, accord avec le dernier substantif : *l'imprudence ou la légèreté qu'il a montrée.*

180. 3° Quand il est précédé de substantifs placés par gradation, accord avec le dernier substantif : *un discours, une parole qu'on a prononcé*E *dans la co.ère.*

181. 4° Quand il est placé après une expression qui réunit en elle tous les mots précédents, comme *tout, rien, personne* : *pro-*

tections, chances heureuses, tout s'est réuni pour le favoriser.

182. 5° Quand il est précédé de deux substantifs unis par *comme, de même que, aussi bien que*, accord avec le premier substantif : *c'est votre capacité, aussi bien que votre zèle, qu'on a récompensé*E.

183. 6° Quand il est précédé d'un collectif suivi d'un substantif, le participe s'accorde avec le collectif s'il est général, et avec le substantif qui suit le collectif s'il est partitif : Ex. *le grand nombre de fautes que j'ai remarqué provient de votre inapplication. Une multitude de fautes se sont glissées dans votre lettre.*

CHAPITRE VIII.

DE LA PRÉPOSITION.

184. Qu'est-ce que la *préposition ?*

C'est un mot invariable qui sert à marquer les rapports que les mots ont entre eux : *A, après, avant, avec, chez, contre, de, depuis, dans, dès, envers, par, parmi, pendant, pour, sans, sous, sur, vers, voici, voilà*, etc.

CHAPITRE IX.

DE L'ADVERBE.

185. Qu'est-ce que l'*adverbe?*

C'est un mot invariable qui se joint ordinairement à un verbe, à un adjectif ou à un adverbe : *Plus, mieux, moins, alors, d'abord, certes, ensuite, ne, pas, point, jamais, oui, non, bien, mal,* etc.

CHAPITRE IX.

DE LA CONJONCTION.

186. Qu'est-ce que la *conjonction?*

C'est un mot invariable qui sert à joindre deux mots ou deux phrases : *Car, comme, et, ni, mais, or, donc, cependant, toutefois, lorsque,* etc.

CHAPITRE XI.

DE L'INTERJECTION.

187. Qu'est-ce que l'*interjection?*

C'est un mot dont on se sert pour exprimer les sentiments de l'âme, soit la surprise, soit la douleur, comme *ah! bon! courage! hélas!*

FIN.